Michael S. Cullen

Das Brandenburger Tor

Das Brandenburger Tor

Michael S. Cullen

Berlin Edition

Inhalt

Vorgeschichte

Scharf ist der Kontrast zwischen dem wiederentstehenden, dicht bebauten Pariser Platz und dem schattigen Grün des Tiergartens. Zwischen beiden steht seit 1791 das einst marmorweiße Brandenburger Tor mit seinen Säulen und der kupfergrünen Quadriga. Es markiert bis heute die Stadtgrenze des spätbarocken Berlin und zeigt, bis wohin die Kraft der Hohenzollern reichte, um aus der mittelalterlichen Kleinstadt Berlin eine fürstliche Residenz zu formen. Im Jahr 1640 handelte der spätere ‚Große Kurfürst', Friedrich Wilhelm von Brandenburg, mit den Schweden einen Waffenstillstand aus und beendete damit für die Mark Brandenburg und deren Hauptstadt Berlin den Dreißigjährigen Krieg. Das Land war schrecklich verheert, und obwohl die Doppelstadt Berlin-Cölln aufgrund ihres Residenzstatus von Belagerung und Plünderung durch kaiserliche oder schwedische Truppen verschont worden war, fand der Kurfürst 1643 bei seiner Rückkehr von 1.209 Häusern mehr als ein Drittel zerstört vor, und die Bevölkerungszahl war um die Hälfte gesunken. Entsprechend richtete er seine Aufmerksamkeit vor allem auf den Wiederauf- und Ausbau der Stadt. Neben den bürgerlichen Wohnhäusern, den Kirchen, Spitälern und den Erweiterungen des Stadtschlosses entstand 1647 auch eine neue Allee, die den Garten hinter dem kurfürstlichen Schloß – den Lustgarten – mit dem Tiergarten verband; später hieß sie, obwohl durchaus auch mit Ahorn und Nußbäumen bepflanzt, Unter den Linden. Trotz des Westfälischen Friedens von 1648 ließen die machtpolitischen Ambitionen des Kurfürsten weitere Konflikte vor allem mit der Ostseegroßmacht Schweden vorhersehbar werden, die 1675 tatsächlich zu

seinem triumphalen Sieg bei Fehrbellin führten. Für die Sicherung seiner Residenz entstand deshalb seit 1658 nach Plänen des holländischen Ingenieurs Johann Gregor Memhardt um Berlin eine Festungsmauer. Bis zum Abbruch der Anlagen seit 1735 diente sie mit ihren 13 Bastionen, Ravelins und Esplanaden der gerade einmal 12.000 Einwohner zählenden Residenz, die über sechs Brückentore mit der Umgebung verbunden war.
Nachfolger des Großen Kurfürsten wurde 1688 sein Sohn Friedrich III. Dieser war jedoch mit seinem Rang als bloßem Kurfürsten unzufrieden – König wollte er sein, sowohl im Namen als auch im Ansehen. Vor allem die Stellung im barocken Zeremoniell machte eine solche Rangerhöhung fast unumgänglich. Denn der brandenburgische Kurfürst wollte dem sächsischen und dem hannoverschen nicht nachstehen müssen. Diese hatten durch die Thronbesteigung in Polen und England neue zeremonielle Rechte erworben. In der Vorbereitung dieser Rangerhöhung ließ Friedrich III. nicht nur das Stadtschloß durch Andreas Schlüter prachtvoll ausbauen, sondern gründete 1696 nach französischem Vorbild eine Akademie der Künste und 1699 eine Akademie der Wissenschaften. Und auch die Residenzstadt sollte sich seinem neuen Rang anpassen. Ende 1700 erfüllte sich schließlich – nach intensiver Korrumpierung des Wiener Kaiserhofes – sein sehnlichster Wunsch. Am 18. Januar 1701 ließ sich Kurfürst Friedrich III. von Brandenburg in Königsberg als Friedrich I. zum ‚König in Preußen' krönen. 1709 ließ er die Orte Berlin, Cölln, Friedrichswerder, die Dorotheen- und die Friedrichsstadt zu einer Stadt verschmelzen. Seine Baumeister, vor allem Andreas Schlüter und Philipp Gerlach, schufen das Zeughaus, die Garnisonskirche, die Parochialkirche; außerdem

entstand am nördlichen Stadtrand ein Pesthaus, die künftige Charité.

1713 folgte ihm sein Sohn Friedrich Wilhelm I. auf den Thron, der trotz seiner ausgesprochen friedfertigen Politik wegen seiner gewaltigen Rüstungsausgaben den Beinamen ‚Soldatenkönig' erhielt. Er hatte es sich zum Anliegen gemacht, das durch seinen Vater begonnene Werk, die Residenz und Hauptstadt Berlin größer und schöner zu machen, fortzusetzen. Selbst das Stadtschloß, dessen barocker Prunk dem sparsamen und pietistisch-frommen König eher fremd war, wurde vollendet, ebenso wie der Ausbau der Friedrichsstadt nach Süden und Westen. Die barocken Festungsanlagen erfüllten nun eingedenk der neuen militärischen Techniken und Strategien ihren Zweck nicht mehr. Dennoch wurde seit 1733 auch um die neuen Vorstädte wieder eine Mauer gezogen, die ‚Akzisemauer', um so Steuern erheben und die Soldaten seiner Garnison am Desertieren hindern zu können; immerhin fast 30.000 Soldaten entflohen dem brutalen Regiment der königlichen Armee während seiner Regentschaft zwischen 1713 und 1740.

Planer der Stadt und der Akzisemauer war Philipp Gerlach, ein überaus erfolgreicher und richtungweisender Baumeister. Leider kennen wir die meisten seiner Werke nur durch Photos und Zeichnungen: die Parochialkirche, die Garnisonskirche, die Jerusalemkirche, das alte Kronprinzenpalais. Lediglich ein Bauwerk hat alle Wirrnisse der Geschichte zumindest in seiner äußeren Form weitgehend überstanden: das Kollegienhaus in der Lindenstraße, das seit drei Jahrzehnten als Berlin-Museum genutzt wird.

Zweifelsohne kann der weitere Ausbau der Friedrichsstadt als das wichtigste städtebauliche Vorhaben des Königs gelten. Sie sollte in ihrer Grundform einem Dreieck gleichen, an dessen prominentesten Ausgängen Torplätze angelegt wurden: Im Süden vor dem Halleschen Tor das ‚Rondell' in Form eines Kreises (seit 1815 Belle-Alliance-, heute Walter-Mehring-Platz), im Südwesten am Potsdamer Tor das ‚Oktogon', ein Achteck (seit 1815 Leipziger Platz), im Westen am Ende der Straße Unter den Linden das ‚Quarée', ein Viereck (seit 1814 Pariser Platz). Während die zentrale Friedrichstraße vor allem bescheiden-bürgerlichen Charakters war, wurden die Wilhelm- und die Leipziger Straße gesäumt von bedeutenden Bauten des Adels und wohlhabender Bürger, die allerdings oft durch den König zum Bau ihrer Residenzen auf dem schlechten Baugrund fern der alten Innenstadt genötigt werden mußten. „Der kerrl hat geld, sol bauen", stand auf einem Befehl, mit dem er manche in den Ruin trieb.

Im 19. Jahrhundert wurden die Friedrichstraße und die Leipziger Straße zeitweise zum nobelsten Einkaufsquartier des Berliner Bürgertums. Hier entstanden seit den 1890er Jahren die großen Passagen und die berühmten Kaufhäuser Tietz und vor allem Wertheim nach den revolutionären Plänen Alfred Messels. ‚Die Wilhelmstraße' hingegen wurde zum politischen Begriff – ähnlich der Londoner Downing Street oder dem Pariser Quai d'Orsay. Hier, auf der Achse zwischen Preußischem Abgeordnetenhaus und Reichstag, waren die preußischen und reichsdeutschen Ministerien zu finden.

Die Akzisemauer umfaßte ein Gebiet von ungefähr 13,8 Quadratkilometern. Bestand sie zu Beginn (in den 1730er Jahren) vor allem aus Holzpallisaden, so war sie schließlich etwa fünf Meter hoch und gemauert. Konnte man in den ersten Jahren ihrer Existenz nur durch sechs Tore in die

Stadt gelangen, so gab es derer um 1865 bereits 18. Bis auf das Brandenburger Tor sind alle abgerissen worden, die meisten – etwa das Königstor am Alexanderplatz – verschwanden sogar aus dem Stadtplan. Nur einige leben als Ortsbezeichnungen noch heute fort: Hallesches Tor, Rosenthaler Tor, Kottbusser Tor, Oranienburger Tor. Von der Akzisemauer existieren noch heute einige Teile nahe der Charité; außerdem wurde 1987, zur 750-Jahrfeier Berlins, im damaligen Westteil der Stadt ein Stück dieser Mauer nachempfunden, das sich heute, örtlich nicht ganz korrekt, mitten auf der Stresemannstraße zwischen dem Mehringplatz und dem Potsdamer Platz befindet.
Zweifellos war das Quarée am Brandenburger Tor der bedeutendste der die Friedrichsstadt begrenzenden Plätze und von Anfang an eine ‚erste Adresse' im Gegensatz zum Rondell oder zum Leipziger Platz, der lange gar nicht bebaut war. Hervorgehoben wurde das Quarée vor allem durch die noblen spätbarocken Palais: Auf der Südseite entstand das Palais des Grafen von Wartensleben (Nr. 1-2), es folgten das Palais von Geuder (Nr. 3) und das des ‚Schutzjuden' Meyer Ries (Nr. 4). Auf der nördlichen Seite entstand das Palais des französischen Refugié de Bauvrye (Nr. 5) und des Stadtpräsidenten von Neuendorf (6-7).
Im Vergleich zu den Häusern am Platz fiel das erste Tor, das 1738 wohl nach Plänen Phillip Gerlachs errichtet worden war, äußerst bescheiden aus. Es bestand, ähnlich den anderen Stadttoren Berlins, im wesentlichen aus zwei nach oben verjüngten, schwer wirkenden barocken Pfeilern mit Vasen als Bekrönung (Abb. 1). Links und rechts des Tores befanden sich Torbogen für die passierenden Fußgänger, daran schloß sich die Akzisemauer an. Im Norden und Süden standen bescheidene Häuser für die Zöllner und die Tor-

wache. Obgleich diese schlichte Toranlage ihren Zweck durchaus erfüllte, wurde von so manchem Reisenden zu Recht bemerkt, daß das Haupttor einer so bedeutenden Residenzstadt doch etwas ansehnlicher aussehen könnte. Allerdings darf nicht vergessen werden, daß der Verkehr auf der späteren Reichsstraße Nr. 1 hauptsächlich über das Potsdamer Tor am Leipziger Platz in die Stadt einlief. Es kommt nicht von ungefähr, daß hier seit 1789 auch die erste durchgehend gepflasterte Chaussee Preußens verlief. Das Brandenburger Tor war bis weit ins 19. Jahrhundert hinein vor allem eine repräsentative Anlage am Ausgangspunkt der noblen Straße Unter den Linden. Erst der Aufstieg Charlottenburgs zur Industrie-, Hochschul- und Handelsstadt verstärkte den Verkehr auf der späteren Ost-West-Achse wesentlich.
Kurz nach dem Tod Friedrichs des Großen am 17. August 1786 ließ sein Minister Johann Christoph von Woellner (1732-1800) eine Reform der preußischen Zollverwaltung durchführen. Sie war Teil eines umfassenden Programms, das unter Friedrich Wilhelm II. zum Tragen kam. Mit diesem Programm, das unter anderem die Neustrukturierung der Akademie der Künste, die Gründung einer Bauakademie und die Anlage neuer Verkehrswege zum Inhalt hatte, sollte der ökonomische und infrastrukturelle Rückstand Preußens gegenüber Sachsen, Frankreich, Großbritannien und Österreich aufgeholt werden.
Eine Folge dieser neuen Politik war, daß neben den anderen Berliner Toranlagen auch das Brandenburger Tor ein angemesseneres Erscheinungsbild erhalten sollte. Am 11. April 1788 kündigte Woellner deshalb an, daß es „,auf Allerhöchsten Befehl" neu gebaut werden würde. Und 1789 ließ er einen Plan „zur Verschoenerung der Residenz-

Abb. 1: Blick vom letzten Haus Unter den Linden auf das Tor, links das Wachhaus, rechts das Accisehaus, dahinter die Bäume des Tiergartens. Radierung, 1764.

staedte Berlin und Potsdam durch Errichtung vortrefflicher Gebäude" ausarbeiten und von der Akademie der Künste am 16. August vorstellen.

Das Tor und sein Architekt

Als Architekt des neuen Tores wählten Friedrich Wilhelm II. und seine Minister den im Schlesischen gebürtigen und dort wie in Berlin bereits durchaus erfolgreichen Architekten Carl Gotthard Langhans (1732-1808). In der Welt des Bauens war er ein Autodidakt, was in der preußischen und

überhaupt der deutschen Architektur jener Jahre eher die Regel als die Ausnahme war. Seine Studienfächer waren Jura, Sprachen, vor allem aber die Mathematik. Das architektonische Rüstzeug erwarb sich Langhans hauptsächlich in seiner eigenen Bibliothek. Hier standen ihm neben den Schriften Winckelmanns und den kanonischen Vitruv-Ausgaben alle wesentlichen Architekturhandbücher der italienischen Renaissance und des französischen Barock von Serlio und Palladio bis zu Vignola und Claude Perrault zur Verfügung. Außerdem studierte er auf Reisen, die ihn in den Jahren 1768/69 nach Italien, später in die Niederlande, in die österreichischen Niederlande (das heutige Belgien), nach Großbritannien und nach Frankreich führten, die Klassiker der Renaissance-Architektur und die vorbildlichen römischen Antiken.
1764 erhielt er den Auftrag, für die Breslauer Familie Matuschka eine protestantische Kirche in Groß-Glogau zu erbauen. Obwohl sie erst 1772 fertig wurde, hatte er doch offenbar in jenen Jahren bereits einen guten Ruf als Zeichner und Kenner der klassischen Formen. In Anerkennung seiner Arbeit wurde er als Bauinspektor in den Dienst des Fürsten von Hatzfeld genommen, der ihn 1766 an den Bruder Friedrichs II., den Prinzen Heinrich, für die Neuausstattung von Schloß Rheinsberg vermittelte.
Seine Zeit in Schlesien rundete die Kenntnisse und Fähigkeiten auf beinahe allen Gebieten des Bauwesens ab: Hochbau, Straßenbau und Wasserbau – gleichzeitig zeichnete er verantwortlich für den Bau verschiedener Kirchen, Kasernen und Wirtschaftsbauten. Stilistisch bewegte sich Langhans in diesen Jahren im flexiblen Rahmen des friderizianischen Spätbarock. Seine Vorliebe galt reduzierten, auf die Wand aufgesetzten Schmuckformen und klaren Baukör-

pern, die Traditionen des französischen Barockklassizismus, aber auch des englischen und niederländischen Palladianismus oft sehr kreativ und – aus französischer Sicht – gänzlich unakademisch amalgamisierten.
Kurz vor dem Tod Friedrichs II. im Jahr 1786 wurde Langhans zum Ehrenmitglied der Akademie der Künste ernannt; wenig später entwarf er die Festdekoration für die Huldigung des neuen Königs durch die schlesischen Stände in Breslau. Sie gefiel Friedrich Wilhelm II., und so erhielt Langhans weitere Aufträge: 1787 wurde er zur Ausführung des Marmorpalais nach Potsdam berufen, im gleichen Jahr entstanden die Mohrenkolonnaden nahe dem Gendarmenmarkt, 1788 die Chaussee von Berlin nach Potsdam, und auch den Umbau des bereits damals legendären Opernhauses von Knobelsdorff sollte Langhans betreuen.
Eine Vollständigkeit beanspruchende Liste seiner Bauwerke würde den Rahmen dieser Abhandlung sprengen. Doch waren es nicht so sehr seine Interieurs etwa im Stadtschloß, im Schloß Bellevue oder im Belvedere im Park des Charlottenburger Schlosses, die ihn berühmt machten. Sein Ruhm ist unlösbar mit dem seit 1788 geplanten Brandenburger Tor verbunden, das bereits von den Zeitgenossen als Beginn einer neuen Baukunst in Preußen, ja in Deutschland begriffen wurde, als endgültige Ablösung des absolutistischen ‚Zopfstiles' durch den bürgerlichen Frühklassizismus.
Der Bau des Brandenburger Tors verlief den verfügbaren Unterlagen zufolge ohne große Komplikationen. Von einem offiziellen Baubeginn oder einer Grundsteinlegung wissen wir nichts – nur, daß mit dem Abbruch des alten Tors am 5. April 1788 begonnen und mit der Eröffnung des Tores am 6. August 1791 fast alle Arbeiten, außer denen an

der Quadriga, beendet waren. Ganz problemlos ist der Bau jedoch auch nicht vonstatten gegangen. Südlich und nördlich des Tors wohnten der Kunstmaler Cunningham und der Kattunbleicher Sieburg. Als von den Bauplänen Betroffene erhielten sie vom Bauamt eine Anzeige, daß die Arbeiten in Kürze beginnen würden. Cunningham protestierte gegen das Projekt: Ein Neubau im Norden würde ihm das wertvolle Nordlicht nehmen, das er für seine Kunst brauche. Da ihm klar war, daß er den Bau nicht werde verhindern können, verlangte er das Recht, sein Haus aufzustocken, sowie eine finanzielle Entschädigung. Sieburg verlangte ähnliches. Nach vielen Briefen, nach vielem Hin und Her erhielt Cunningham im April 1789 tatsächlich Geld für die Aufstockung; zwei Jahre später verkaufte er sein solcherart aufgewertetes Haus.
Als das Tor im Juli 1791 fertig wurde, fragte Langhans an, ob Friedrich Wilhelm II. das neue Tor eröffnen wolle. Am 6. August 1791 erhielt er jedoch die Nachricht, daß der König zu diesem Anlaß nicht nach Berlin kommen würde und daß man das Tor ohne ihn eröffnen könne. Noch am selben Tag wurde die Passage durch das Tor ohne weitere Zeremonien freigegeben, und die Wache bezog unter dem Kommando des Leutnants von Prodzynski ihre Posten.

Das Tor und seine Vorbilder

Langhans beschrieb die städtebauliche Lage des Brandenburger Tors – berlinisch unbescheiden – als „ohnstreitig die schönste von der ganzen Welt". Es markierte das Ende der Straße Unter den Linden und bildete damit den Widerpart zum Stadtschloß. Ursprünglich war die monumentale Wirkung des Tores noch deutlicher, als seitlich von ihm die lediglich zweigeschossigen barocken Palais standen, die nur bis zum Hauptgesims der Seitenflügel reichten. Diese niedrigen Gebäude wurden 1845/47 durch dreigeschossige Häuser nach Plänen Friedrich August Stülers ersetzt, an deren Proportionen sich auch Josef Paul Kleihues für seine Neubauten des ‚Hauses Liebermann' nördlich und des ‚Hauses Sommer' südlich des Tores orientierte.

Das Vorbild für Langhans' Torprojekt von 1788 waren die von dem sonst unbekannten athenischen Architekten Mnesikles zwischen 437 und 431 v. Chr. errichteten Propyläen, die Torbauten der Akropolis von Athen. Langhans kannte dieses Meisterwerk der klassischen attischen Architektur durch die 1787 (also nur ein Jahr zuvor) erschienenen Aufmaße der Akropolis, die von den englischen Architekten Stuart und Revett angefertigt wurden (Antiquities of Athens, Vier Bände, 1762-1815). Vor allem aber dürfte Langhans von den bereits 1758 veröffentlichten Zeichnungen des Franzosen Julien David Le Roy profitiert haben, der gleichzeitig mit den beiden Engländern in Athen weilte, doch erheblich schneller publizierte als diese (*Les Ruines des plus beaux Monuments de la Grèce*, 2 Bände, 1758). Langhans selbst gibt diese ersten archäologisch korrekten Arbeiten über antike griechische Bauwerke als Quellen an, und in einem zeitgenössischen Stich werden die Propyläen und das Brandenburger Tor einander sogar direkt gegenübergestellt – was es uns erleichtert, die Gemeinsamkeiten, aber auch die Unterschiede zu sehen.

Die Anlage besteht aus dem zum Platz hin geöffneten zentralen Torbau und den beiden begleitenden, säulenumstandenen Flügelbauten, in denen einst die Zollgebühren berechnet wurden und die Wache ihr Quartier hatte. Der

Torbau ist 62,5 m breit, 11 m tief und bis zum Sockel der Quadriga 21,5 m, bis zur Spitze der Quadriga ca. 26 m hoch. Die fünf Durchfahrten, von denen die mittlere – die einst für Angehörige des Herrscherhauses reserviert war – breiter als die seitlichen ist, werden von Scheidewänden getrennt, in denen insgesamt zwanzig Reliefs mit den Heldentaten des Herkules eingelassen sind. Sie stammen von verschiedenen Berliner Bildhauern der Schadowschule, sind aber alle von dem Maler Bernhard Rode entworfen worden. Vor den Scheidewänden stehen schlanke Säulen dorischer Ordnung, jeweils eine zur Stadt- und eine zur Tiergartenseite. Dorisch ist der Tradition nach die männliche, die starke, verteidigungsfähige und würdige Ordnung, wohingegen die ionische als jungfräulich und die korinthische als matronenhaft gilt. Langhans wählte also eine durchaus würdige und angemessene Sprache für sein Tor. Allerdings ist es nicht die klassische griechisch-dorische Ordnung, wie sie die Propyläen prägt, sondern die durch die Schriften Vitruvs und deren Bearbeitung durch den französischen Theoretiker Claude Perrault verbreitete ‚römische' Form der Dorica: Sie hat im Gegensatz zum athenischen Vorbild steilere und weitere Proportionen, vor allem aber eine dreifach gestaffelte Basis, deren untere Wulst noch einmal auf einer flachen Platte, der sogenannten Plinthe, lagert. Auch sind zwischen den Kanneluren (den Einkerbungen auf dem Säulenschaft) schmale Stege statt scharfer Kanten zu sehen. Langhans prägte sein Tor – auch wenn er jedes Detail, selbst die unorthodoxe Basis, auf eine griechische Wurzel zurückführen konnte – insgesamt durch eine Form der Dorica, die seinem Auftraggeber aus der Tradition vertrauter war als die erst jüngst von den englischen und französischen Ausgräbern bekannt

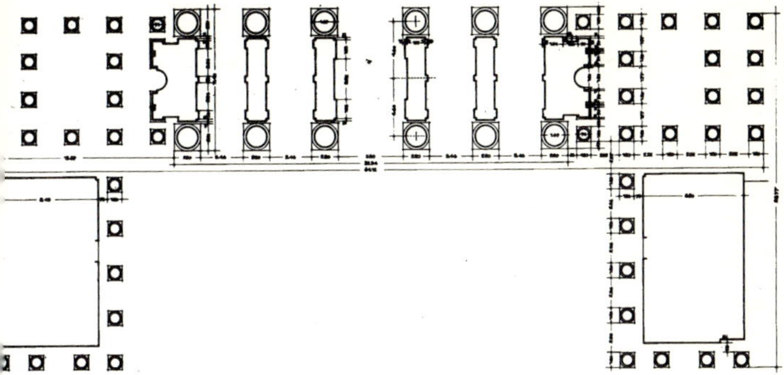

Abb. 2: Grundrißzeichnung des Brandenburger Tores.

gemachte Urform. Außerdem ermöglichten die steileren Proportionen breitere Durchfahrten, ohne mit den vorgeschriebenen, akademischen Regeln zu brechen – für eine Toranlage durchaus auch ein zu berücksichtigender, ganz pragmatischer Aspekt der Architektursprache (Abb. 2).
Quer über den Säulen liegt das vergleichsweise schlanke Gebälk. Durch den Fries aus Triglyphen und zwischen diese gesetzten Metopen – 32 an der Zahl, je 16 zur Stadt- und zur Landseite – ist das Gebälk ebenfalls als der dorischen Ordnung zugehörig gekennzeichnet. Aber auch hier kopierten Langhans und der mit ihm gemeinsam das Programm entwerfende Bildhauer Johann Gottfried Schadow keineswegs sklavisch das Vorbild, sondern stellten zusammen, was ihnen wichtig erschien: Die Metopenreliefs mit

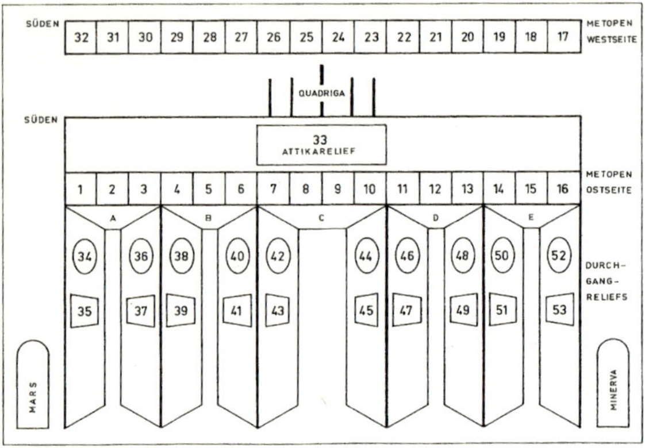

Abb. 3: Übersicht über die Skulpturen und Malereien des Brandenburger Tores.

1-16 Metopen der Ost- beziehungsweise Lindenseite mit dem Kampf der Lapithen gegen die Kentauren.
17-32 Metopen der West- beziehungsweise Tiergartenseite mit dem Kampf der Lapithen gegen die Kentauren.
33 Das Attikarelief mit dem Einzug der Friedensgöttin.
34-53 Die Reliefs der fünf Durchfahrten mit den Aufgaben und Heldentaten des Herkules.
34 Herkules im Kampf mit einem Giganten.
35 Herkules entscheidet sich als Jüngling für den beschwerlichen Weg der Tugend.
36 Herkules im Kampf mit den Giganten.
37 Herkules führt Alkestis aus der Unterwelt.
38 Herkules erlegt die stymphalischen Vögel.
39 Herkules tötet in Ägypten den grausamen König Busiris.
40 Herkules erlegt den nemeischen Löwen.
41 Herkules tötet den Kentauren Nessus, der Deianeira in den Armen trägt.
42 Herkules erwürgt als Knabe die von Hera gesandten Schlangen.
43 Herkules rettet Hesione vor dem Meerungeheuer.

ihren Darstellungen des Kampfes zwischen Lapithen und Kentauren orientieren sich an den ebenfalls von Stuart und Revett publizierten Reliefs des Parthenon; seit 1816 sind diese weitgehend als Teil der ‚Elgin Marbles' der stolzeste Besitz des Britischen Museums in London (Abb. 3).
Einst leuchtete das Tor in strahlendem Weiß, das wohl den Marmor Athens imitieren sollte. Lediglich die Decken der Durchfahrten waren mit allegorischen Dekorationen versehen. Doch bereits bei der ersten Restaurierung 1808 hatte das Tor einen ockerfarbenen Anstrich erhalten, der von der enttäuschten Bevölkerung als „caffee au lait" bespöttelt wurde. Auch später dominierte der mattere und dunklere Farbton des inzwischen von Wind und Wetter freigelegten Sandsteins, und selbst bei der jüngsten Restaurierung griff man nicht auf das ursprüngliche, marmorhell-griechische Aussehen zurück.

44 Herkules tötet den Drachen Ladon und raubt die Äpfel der Hesperiden.
45 Herkules im Kampf mit den Kentauren.
46 Herkules zähmt die Rosse des Diomedes.
47 Herkules unterstützt die olympischen Götter im Kampf gegen die Giganten.
48 Herkules tötet die Hydra von Lerna.
49 Herkules im Opfergewand der Deianeira.
50 Herkules bändigt den kretischen Stier.
51 Der Tod des Herkules auf dem Scheiterhaufen.
52 Herkules im Zweikampf mit dem Riesen Antaios.
53 Herkules wird in den Olymp aufgenommen.

A-E Die ursprünglichen Deckengemälde der fünf Durchfahrten (nach der Beschreibung im Akademiekatalog von 1793).
A „Heldenmut und Stärke": militärische Trophäe.
B „Tapferkeit und Tonkunst": Leier und Keule des Herkules im Lorbeerkranz.
C „Künste": das Schild der Minerva.
D „Einigkeit und Überfluß": zwei zusammengeschlungene Füllhörner mit dem Stab des Merkurs.
E „Frieden": Adler in einem Kranz von Ölzweigen.

Ganz ‚ungriechisch' ist auf den ersten Blick der Aufbau über dem Gebälk: ein mächtiger, über die ganze Breite des Tores lagernder Sockel für die Quadriga Schadows, zu der seitlich Stufen aufsteigen. In den Sockel ist auf der Stadtseite ein Relief eingelassen, das den festlichen und fröhlichen Einzug der Friedensgöttin darstellt. Entworfen wurde das Relief ebenfalls von Bernhard Rode, ausgeführt aber von Mitgliedern der Schadowschen Werkstatt. Technologisch ist der mächtige Sockel für die Quadriga durchaus gewagt – ähnlich wie bei römischen Triumphbögen war der Zusammenhalt des Tores nur durch weite Wölbungen zu sichern, die im Aufbau verborgen sind. Doch hatte auch Mnesikles in Athen seine vielbewunderten großen Spannweiten nur durch die Einlage von Eisenbändern erreichen können.

Ähnlich doppeldeutig ist die Komposition der von Schadow entworfenen Quadriga auf dem Stadttor. Zwar gibt es Überlieferungen, die Quadrigen auf griechischen Toren erwähnen, und in den Rekonstruktionen des Mausoleums von Halikarnassos tauchen auch die Stufenaufbauten auf. Doch bekannter, wenngleich im Original ebenfalls nicht erhalten, sind die auf Münzbildern dargestellten römischen Triumphtore mit Viergespannen darauf. Darüber hinaus dürfte sich Langhans aber auch auf zeitgenössische Vorbilder, etwa die Arbeiten des Architekten Claude Nicholas Ledoux, bezogen haben.

Insgesamt fällt bei der Betrachtung des Brandenburger Tors die ungewöhnliche, für Preußen jedoch typische Kombination von Propyläen, breitgelagerter Attika und Quadriga, von Antikenrezeption, zeitgenössischer Motivik und modernster technischer Umsetzung auf. Und obwohl sich mit der architektonischen Berufung auf Athen von alters her auch der auf die athenische Demokratie verbindet: Durch die Verbindung unterschiedlichster Bezugsebenen gelang es Langhans, mit seinem Hauptwerk auch dem jeder radikalen Revolution abholden deutschen Bürgertum und seinem auf vorsichtige Reform setzenden Monarchen ein würdiges Denkmal zu setzen.

Die Quadriga und ihr Schöpfer

Gekrönt wird das Tor von der sogenannten Quadriga, einem bewegt laufenden Viergespann vor einem Wagen, auf dem eine weibliche Figur die Pferde lenkt. Sie wurde von Johann Gottfried Schadow geschaffen, dem Begründer der Berliner Bildhauerschule. Er wurde am 20. Mai 1764 als Sohn eines Schneiders in Berlin geboren und besuchte das ‚Gymnasium zum Grauen Kloster', wo er durch sein Zeichentalent so sehr auffiel, daß er bereits im Alter von 14 Jahren bei dem Hofbildhauer Tassaert (1727-1788) Zeichenunterricht erhielt. Im Tausch dafür mußte sein Vater für den Künstler Kleidungsstücke aufarbeiten. Gleichzeitig besuchte Schadow Vorlesungen an der Akademie der Künste und wurde mit 19 Jahren Tassaerts Gehilfe. Schon als 17jährigem gelang es Schadow, Zugang zum Hause von Marcus Herz und seiner Frau Henriette zu erhalten, die einen der ersten Berliner Salons unterhielt. Hier erhielt er nicht nur seine ersten Aufträge, sondern lernte im Frühjahr 1785 auch die 24jährige Marianne Devidels, Tochter eines Wiener Juweliers, kennen. Eine Heirat in Berlin mußte jedoch wegen eines peinlichen Vorfalls unterbleiben. Denn im gleichen Jahr verfaßte Schadow eine Schmähschrift auf den Kabinettsminister von Hertzbreg – zwar tat er dies als

Anonymus, doch war der Verfasser im engen Milieu der Berliner Künstlerschaft schnell gefunden. So nahm Schadow seine Braut und flüchtete mit ihr über Dresden, Prag und Wien nach Rom, wo sie sich am 24. August 1785 trauen ließen.

Doch nicht nur in Herzensangelegenheiten war der Italienaufenthalt für ihn von großer Bedeutung; auch in beruflicher Hinsicht war er prägend. Rom war das Zentrum der europäischen Skulptur – Antonio Canova und Bertel Thorwaldsen scharten hier regelrechte Schulen um sich. Am 12. Juni 1786 gewann Schadow den bedeutenden Balestra-Preis. Diese Ehrung hatte zur Folge, daß sein Name nun auch in Berlin berühmt wurde, und man den Jugendstreich in der preußischen Residenz schnell vergaß. Schon im Herbst 1786 konnte der junge Bildhauer mit seiner Frau wieder heimkehren. Nach seiner Rückkehr wurde er zunächst in der Porzellan-Manufaktur (KPM) beschäftigt, bereits 1788 aber zu Tassaerts Nachfolger als ‚Königlicher Hofbildhauer' und ‚Director aller Sculpturen' beim Oberhofbauamt ernannt. Im gleichen Jahr schuf er das Werk, mit dem er seinen Ruf begründete: Das Grabmal des Grafen von der Mark (1779-1787), der – ein illegitimer Sohn Friedrich Wilhelms II. und seiner bei Hof angefeindeten Geliebten Wilhelmine Encke – vermutlich von der Hofkamarilla ermordet worden ist. Das künstlerische Niveau dieses Denkmals zeigte Schadow als den einzigen preußischen Bildhauer, der eine so monumentale Aufgabe wie die Quadriga angemessen bewältigen konnte.

So bedeutend die Quadriga auch ist, so dürftig ist die Quellenlage zu ihrer Konzeption. Bekannt ist, daß bereits am 13. März 1789 ein Treffen zwischen Langhans, Schadow und dem Potsdamer Kupferschmied Ernst Emmanuel Jury stattfand, bei dem bereits technische Fragen erörtert wurden. Bei diesem Treffen verpflichtete sich Jury, unter Voraussetzung der rechtzeitigen Lieferung der Modelle durch Schadow, zur Fertigstellung der Quadriga bis zum Herbst 1790. Am 16. August wurde das Modell vom Tor und der Quadriga den Mitgliedern der Akademie der Künste vorgestellt und am 25. September öffentlich ausgestellt (Abb. 4). Arbeitsbeginn war für Jury der 29. September, und bereits am 28. Oktober erhielt er eine Zolleinfuhrgenehmigung für das Kupfer.

Die Realisierung der Quadriga – die ursprünglich auch noch eine Vergoldung erhalten sollte – nahm schließlich mehr Zeit in Anspruch als zunächst geplant, denn es bestanden Zweifel an den Proportionen der Figuren. Deshalb betraute man den bereits erwähnten Kunstmaler Cunningham mit der Anfertigung eines Bildes der Quadriga, das auf der Attika des Tores aufgestellt werden sollte, um einen Eindruck gewinnen zu können. Im Mai fand eine Besichtigung des Holzmodells für das erste Pferd statt: 20 Positionen sollten nachgebessert werden. Die endgültige Genehmigung erhielt das Modell erst am 3. August 1790, nachdem seine Höhe von zehn auf zwölf Fuß erhöht worden war. Allerdings kostete dies noch einmal Zeit. Drei Wochen nach ‚Inbetriebnahme' des Tors waren zwei Pferde und die Victoria noch immer ‚in Holz'; diese sollten bis Ostern 1792 in kupferner Ausführung fertiggestellt sein. Auch das dritte Pferd mußte noch einmal überarbeitet werden. Außerdem war die Göttin zu groß geraten, wurde aber schließlich dennoch akzeptiert – daher das Sprichwort von der „einzigen Berlinerin ohne Verhältnis" (die Pferde maßen 3,7 m an Höhe, die Siegesgöttin 4,15 m).

Erst Ende 1792 war die Arbeit an der Quadriga so weit fortgeschritten, daß Schadow an die Aufstellung denken konnte. Im März 1793 meldete Jury, daß er mit dem vierten Pferd und dem Wagen fertig sei. Jetzt war Langhans wieder gefordert. Benötigt wurden Skizzen für die Aufstellung, die am 1. Mai 1793 geliefert wurden. Endlich, im Juni 1793 ging die Quadriga „zu Wasser nach Berlin" – die Reise dauerte ganze vier Tage. In der Akademie der Künste legte man am 10. Juli 1793 die östliche Ausrichtung der Quadriga fest – niemals war sie, allen späteren Legenden zum Trotz, nach Westen gerichtet –, und am 11. Juli ordnete der König an, daß sie entgegen ursprünglichen Planungen nicht vergoldet werden sollte.

Obwohl die Aufstellung im Sommer 1793 schließlich vonstatten ging und Langhans seine Arbeiten am 16. August 1793 als beendet ansah, kann von einer Vollendung des Tores zu diesem Zeitpunkt noch nicht gesprochen werden. Grundlegende Korrekturen waren noch am Symbol der Göttin und ihrer Kleidung nötig. Außerdem waren noch die Arbeiten am Bildprogramm des Tores selbst zu beenden.

Auch der Name für das Tor war noch nicht beschlossene Sache; ursprünglich war es als ein Denkmal für den großen Friedrich gedacht. Doch einem Ministerialerlaß zufolge wurde es anläßlich der Eröffnung im August 1791 als ‚Friedenstor' getauft – eine Bedeutung, die sich allerdings nie im öffentlichen Bewußtsein etablierte. Denn schnell wurde das Tor zum würdigen Repräsentationsrahmen preußischer Staatsfeierlichkeiten: Bereits am 23. Dezember 1793 fand hier die Begrüßung der mecklenburgischen Prinzessin Luise als Braut des Thronfolgers Friedrich Wilhelm (III.) statt. Und bald schon wurden das Tor und seine Quadriga Teil des preußischen und des nationalen Symbolschatzes.

Abb. 4: Konstruktionszeichnung für die Wiederherstellung der Quadriga in den Jahren 1957/58.

Der Raub der Quadriga

Nach langer Neutralitätspolitik wurde auch Preußen in die antinapoleonischen Kriege des Jahrhundertbeginns hineingezogen. Doch trotz des großen Ruhmes der friderizianischen Armee erlitt diese am 14. Oktober 1806 bei Jena und Auerstedt eine vernichtende militärische, aber auch moralische Niederlage. Das Königspaar floh nach Königsberg, der Staatsschatz, Teile der königlichen Sammlungen und die wichtigsten Akten wurden nach Stettin geschafft. Wie die starke Festung Spandau wurde am 24. Oktober auch Berlin kampflos an die französischen Truppen übergeben, die über das Kottbusser und das Hallesche Tor einzogen. Daß Preußen überhaupt als Staat überlebte, verdankte es einzig der Fürsprache des russischen Zaren, der eine Pufferzone zwischen seinem und dem französischen Kaiserreich erhalten wollte.
Am 27. Oktober 1806 zog Napoleon in Berlin ein. In einem regelrechten Triumphmarsch passierte er das Brandenburger Tor und zog über die Straße Unter den Linden bis zu seinem neuen Domizil im Stadtschloß. Die symbolische Inbesitznahme der Stadt bei bestem ‚Kaiserwetter' war vorzüglich inszeniert, bis hin zur Schlüsselübergabe für die Stadttore durch die Bürgerschaft. Er selbst faßte den Eindruck im XXI. Bulletin der Grande armée vom 28. Oktober 1806 eher lakonisch zusammen: „Die Avenue von Charlottenburg nach Berlin ist sehr schön, der Einzug durch dieses Tor ist großartig".
Die Ironie der Geschichte will es, daß es ausgerechnet Napoleon war, der mit der Feier der Niederlage Preußens die Tradition des Tores und der Straße als militärischer Repräsentationsstrecke begründete. Mit Napoleon aber

gelangte auch der „Dieb im Schlepptau der Grande Armée" nach Berlin: Dominique Vivant Denon. Denon war einer der herausragenden Kunstkenner seiner Zeit, der unter anderem den Louvre als Kunstmuseum mitbegründet hatte und für das ‚Musée Napoléon', in dem die Kunstbeute aus den Kriegszügen des Korsen ausgestellt wurde, die bis heute unübertroffen großartigste Kunstsammlung aller Zeiten zusammentrug. Kunstraub galt damals noch als legitime Begleiterscheinung des Krieges, denn dem Sieger gehörte das Recht, sich Trophäen auszusuchen. Allerdings hatte niemals zuvor ein Sieger so systematisch, umfassend und wissenschaftlich geleitet zugegriffen wie Napoleon und Denon. Solchermaßen gelangten nicht nur die Sammlungen des Vatikan, vieler italienischer Fürstenhäuser, deutscher Kleinstaaten und niederländischer Rathäuser nach Paris. Der ‚Erfolg' dieser Raubzüge führte allerdings nach der Niederlage Napoleons auf dem Wiener Kongreß 1815 zu dem Beschluß, die nach Paris gebrachten Kunstwerke an ihre ursprünglichen Besitzer zurückzugeben und den Raub von Kunst zukünftig als illegitim zu ächten. Erst damals entstand der Begriff ‚Kunstraub'.

In Berlin sollte neben den königlichen Kunstsammlungen vor allem die Quadriga zum Opfer der Napoleonischen und Denon`schen Sammelleidenschaft werden. Offenbar war geplant, sie in Paris als Dekoration eines eigenen Triumphbogens aufzustellen. So suchte Denon Schadow mehrmals mit dem Ziel auf, die Namen jener Handwerker zu erfahren, die für die Erstellung und Aufstellung des Kunstwerkes verantwortlich waren. Daraufhin ließ er Jury aus Potsdam kommen und befahl ihm, die Quadriga zu demontieren (Abb. 5). Bereits Mitte Dezember 1806 lagen die Teile auf dem Boden vor dem Brandenburger Tor und

schon kurz vor Weihnachten verließ die wertvolle Fracht Berlin. Sie erreichte Paris nach einer mehrere Monate dauernden Reise am 17. Mai 1807. Doch während in Berlin die Trauer groß war, hielt sich der Jubel der Pariser sehr in Grenzen, verfügte man hier doch bereits über die Antiken des Papstes, die Pferde von S. Marco in Venedig und ähnlich hochkarätige Meisterwerke.
Zunächst gelangte die Quadriga in die Orangerie des Louvre. Da diese aber ab September 1807 als Winterdepot für die Orangenbäume benötigt wurde, verlegte man sie schließlich in das Atelier des Bildhauers und Ziseleurs Charles Stanislas Canlers, wo sie bis Mitte 1808 überholt wurde. Gleichzeitig wurde über ihren endgültigen Standort beratschlagt: Diskutiert wurden der Arc du Triomphe du Carrussel, der geplante neue Arc de Triomphe am Étoile und die Kirche Ste. Madeleine. Tatsächlich blieb die Quadriga aber im Atelier von Canlers, bis sie in das ‚hôtel des menus plaisirs', das Haus der Hofzeremonien, verlegt wurde.
In Berlin entwickelte sich die geraubte Quadriga in zunehmendem Maße zum Symbol der nationalen Schmach. Vor allem der von den Franzosen nicht entfernte Halterungsstab der Göttin, der kahl aus der Attika herausragte, erregte die patriotischen Gemüter. Mit Beginn des Krieges gegen Napoleon 1812 wurde das Tor und seine Dekoration erneut zum Thema heißer Diskussionen. So schlug Karl Friedrich Schinkel vor, auf dem Tor ein vier Meter hohes Eisernes Kreuz nach dem Modell des von ihm entworfenen neuen Ordens zu montieren, mit dem die Nähe zwischen Monarchie und Volk hätte symbolisiert werden können; war doch das Eiserne Kreuz, eigens für die Freiheitskriege gestiftet, der erste militärische Orden, der auch an Bürgerliche verliehen werden durfte. Während man mit derartigen Über-

Abb. 5: Der Pferdedieb von Berlin. Karikatur auf Napoleons Raub der Quadriga. Radierung um 1813.

legungen beschäftigt war, traf die Nachricht vom Sieg über Napoleon ein, und am 4. April wurde bekannt, daß die Quadriga in Paris gefunden worden sei. Sofort erging der Befehl an General Blücher, sie nach Berlin zurück zu bringen.

Ein Bourbone auf einem Brandenburger Roß

Nach dem Fall Napoleons forderten legitimistische Kreise in Frankreich, daß das Reiterstandbild Heinrichs IV., des Begründers der Bourbonendynastie, wieder errichtet werden möge. Dieses hatte von 1614 bis 1792 auf dem Pont Neuf gestanden und war auf Befehl der Assemblée nationale zerstört worden. Nun solle es den Einzug des neuen Königs Ludwig XVIII. am 3. Mai 1814 dekorieren. Ein Reiterstandbild mußte her, doch in ganz Paris gab es kein für ein Denkmal geeignetes modelliertes Pferd. Der Architekt Jacques Ignace Hittorff, stellvertretender Direktor der Hofzeremonienverwaltung, wußte jedoch, daß die vier Pferde der Quadriga noch in Paris waren, wenn auch bereits in Kisten verpackt; es war vorgesehen, daß der Konvoi am 19. April nach Berlin aufbrechen sollte. Hittorff gelang es, den Leiter der ‚menus plaisirs', François Joseph Bélanger, und den Innenminister Graf Jacques Claude Beugnot davon zu überzeugen, am 18. April mit einer Bitte an den noch in Paris weilenden preußischen König heranzutreten: Er sollte seine Zustimmung dazu geben, daß Frankreich von einem der vier Pferde einen Gipsabguß machen dürfe. Friedrich Wilhelm III. entsprach der Bitte noch am selben Tag. Eines der vier Pferde wurde ausgepackt, erneut zusammengebaut und als Form für einen Abguß vorbereitet; die Arbeiten leitete der Bildhauer Henri Victor Roguier. In der Nacht des 30. April wurde das Gipspferd bei Fackellicht zum Pont Neuf transportiert und am 1. Mai aufgestellt. Der preußische Staatsmann und Dichter Friedrich A. von Stägemann schrieb an seine Frau: „Auf dem Pont-Neuf über die Seine hat man eine kolossale Gipsstatue Heinrichs IV. zu Pferde in aller Geschwindigkeit aufgerichtet, um bei dem Einzug

des Königs Ludwigs XVIII. zu paradieren. Sie wäre aber doch nicht fertig geworden, wenn man nicht eins unserer Pferde vom Brandenburger Thor, das ein junger Künstler zur Übung abgeformt hatte, in dessen Werkstatt gefunden hätte. So reitet Henri quatre auf einem Brandenburger Roß." (Hedwig von Olfers, S. 200).
Nachzutragen ist, daß die Statue weitere vier Jahre auf dem Pont Neuf blieb. Im April 1818 wurde schließlich das noch heute dort befindliche Reiterstandbild von François Frédéric Lemot eingeweiht. Es war geplant, die alte Gipsstatue zu vernichten, doch Ludwig XVIII. intervenierte. Nach seinem Willen sollte sie „als historisches Denkmal der Liebe der Pariser Bevölkerung, die für ihre Errichtung so nachdrücklich stimmten", konserviert werden. Die Gipsstatue wurde daher am 19. Mai 1818 in einen Hof des Louvre gezogen und im ‚Saal der Großen Männer' ausgestellt. Ihre Spur verliert sich in den chaotischen Tagen der Revolution vom Juli 1830.

Wiederkehr, Wiederherstellung, Wiederaufstellung

Am 21. April 1814 verließ der Konvoi mit den Teilen der Quadriga Paris unter der Leitung des französischen Hauptmanns Machui. Zwischen dem 22. April und dem 3. Mai machte er Station in Compiègne, Noyon, la Fère, St. Quentin und Beaumont. Am 4. Mai gegen 10 Uhr war Brüssel erreicht. Von dort fuhr er über Tirlemont, St. Truiden, Löwen, Lüttich, Aachen, Jülich, Düsseldorf und Duisburg nach Elberfeld, wo er am 12. Mai eintraf. Am 13. Mai erreichte er schließlich preußisches Gebiet – Schwelm in Westfalen (Abb. 6).

Hier nun beginnt die Legendenbildung. Von Schwelm bis nach Potsdam benötigte der Konvoi, der über Hamm, Bielefeld, Minden und Hannover, Halberstadt und Magdeburg fuhr, einen knappen Monat. Auf dem ganzen Weg wurden dem Konvoi, dessen Kisten über und über mit Girlanden, Blumen und Sprüchen geschmückt waren, militärische Ehren erwiesen; Glockengeläut und Kanonendonner erscholl, Gedichte wurden verlesen. Es entstand eine regelrechte Prozession durch das westliche Preußen, die deutlich machte, daß mit der ‚Heimkehr' der Quadriga eine nationale Schmach getilgt wurde. Erst jetzt wurde sie, und mit ihr das Brandenburger Tor, unangefochten zum herausragenden Symbol preußischer Staatlichkeit und bürgerlichen Zusammengehörigkeitsgefühls. Berichte, wonach manches Stadttor wegen des Konvois abgebrochen wurde, sind wohl eher allegorisch zu lesen, verweisen aber auf die antike Tradition, derzufolge die Bürger griechischer Städte im Feld oder bei Spielen siegreiche Helden mit Breschen und Triumphtoren in den Stadtmauern ehrten.
Die öffentliche Begeisterung lag wohl nicht in der Intention des Königs, der die Beteiligung des Volkes an Staatsaktionen überhaupt nur ungerne sah; hinzu kam eine generelle Zurückhaltung Friedrich Wilhelms III. bei öffentlichen Auftritten. Außerdem war auf die Gefühle des immer noch mächtigen Frankreich Rücksicht zu nehmen. Viele Offiziere hingegen hätten ihren ‚Fang' lieber an die große Glocke gehängt. Während die Soldaten hofften, man würde ihre Leistung mit täglichen Bulletins begleiten, beschloß Friedrich Wilhelm III., daß über die Fahrt und das Ziel kein Sterbenswort erscheinen sollte. Der Transport ließ sich jedoch auch in den zensierten preußischen Zeitungen nicht gänzlich verheimlichen. Schon im Mai druckte die Vossi-

Abb. 6: „Glockengeläut und Kanonendonner erscholl" bei der Heimkehr der Quadriga nach Berlin. Holzstich nach Gemälde, 1896.

sche Zeitung erste Meldungen: „Brüssel, den 8ten Mai. Mit unendlichem Jubel sahen am 4. d. M., Vormittags 10 Uhr, die Preußischen Offiziere und Soldaten den Siegeswagen und die Pferde hier durch nach Berlin gehen, welche Napoleon in seinem Uebermuthe aus der wehrlosen Stadt hatte wegnehmen und nach Paris bringen lassen. Der Stadtkommandant B. v. Katte ging mit allen Preußischen Herrn Offizieren, dem Wagen entgegen, und holte ihn feierlich ein. Das schöne Monument wird auf 6 zwölfspännigen Wagen transportiert." Schließlich wurde selbst in Holland die Rückholung der preußischen Siegesstatue mit großem

Interesse verfolgt. So berichtete die Utrechter Zeitung am 20. Mai aus Düsseldorf auf der ersten Seite: „Gestern ist der Wagen, früher eines der größten Schmuckstücke von Berlin, begleitet von Salutschüssen, Glockengeläut und das ununterbrochene Jauchzen der Menge, hier angekommen. Alle hohen Beamten waren am Ufer versammelt um dies teure Unterpfand des preußischen Nationalstolzes mit einer Art gläubigen Ehrerbietung, in Empfang zu nehmen."
Am 8. Juni gelangte der Konvoi schließlich nach Potsdam, wo er von den Prinzessinnen Charlotte und ihren Geschwistern begrüßt wurde. Von dort nahm er den Weg über die Glienicker Brücke und die Brücke zwischen dem Großen und dem Kleinen Wannsee, verließ die Landstraße auf dem heutigen Kronprinzessinnenweg und zog auf der nördlichen Seite des Schlachtensees die sogenannte Große Allee entlang bis hin zum Jagdschloß Grunewald, wo sie in der Nacht vom 8. auf den 9. Juni 1814 eintraf.
Groß war das Entsetzen jedoch, als der Baumeister Moser die Kisten mit der Quadriga aufmachte und den Zustand beschreiben mußte: Von einer Instandsetzung in Paris, über die es immerhin ein langes Protokoll gab (Ahrenhövel/Bothe 1991, S. 134-136) konnte er nichts bemerken: „Wenigstens ist an den zurückgekommenen Pferden nicht zu sehen, daß etwas Solides an der Instandsetzung in Paris vorgenommen ist, denn alle Verbindungs- und Unterstützungsmittel durch Schrauben und Schienen sind noch so abgebrochen und abgerissen zurückgekommen wie sie hingekommen sind … Außer … einige Kleinigkeiten … ist für

Abb. 7: Die Quadriga auf dem Weg vom Jagdschloß Grunewald zum Tor. Federlithographie nach Zeichnung, um 1814.

Die Quadriga wird vom Jagdschloß Grunewald nach dem Brandenburger Tor gebracht. 30. Juni 1814.

jene 21.000 Francs in Paris nichts Bedeutendes an dem Siegeswagen geschehen..." (Akten über das Brandenburger Tor, Geheimes Staatsarchiv Preußischer Kulturbesitz). Restaurierungsberichte von 1926, wonach die Franzosen ganz im Gegenteil vorbildlich gearbeitet hätten, müssen im Lichte der deutsch-französischen Aussöhnung gesehen werden – Mosers Bericht war hingegen nicht für die Öffentlichkeit bestimmt.

Die Quadriga wurde im Hof des Jagdschlosses Grunewald bei Berlin aufgestellt. Es gab so viel zu tun, daß man erst nach 35 Tagen fertig wurde. In dieser Zeit fertigte u. a. der Holzbildhauer Haenisch ein vergrößertes hölzernes Eisernes Kreuz nach dem Muster Schinkels an, auf dessen Grundlage dann von der Firma Ferdinand Thielemann ein aus Kupfer getriebenes Eisernes Kreuz in das Eichenlaub des Siegesstabes eingepaßt wurde.

Wie schon angedeutet, war es der Wunsch des Königs Friedrich Wilhelm III., alles so geheim wie möglich zu halten. Dabei ging er so weit, den begeisterten Berlinern den Weg zum Jagdschloß zu versperren (Abb. 7). Der Transport der Quadriga nach Berlin verließ das Jagdschloß in der Nacht vom 21. auf den 22. Juli, stoppte bei Tag, und erreichte den Pariser Platz erst am 24. Juli (Abb. 8).

Wieder mußte auf die Dunkelheit gewartet werden, um die einzelnen Teile mittels einer Kranvorrichtung auf das Tor zu bringen. Hier wurde die Quadriga im Laufe der folgenden Tage und Nächte montiert, gegen die neugierigen Blicke vieler Schaulustiger stets verhüllt. Nun allerdings ging es weniger um Geheimhaltung, als vielmehr um die Inszenierung des Triumphzuges, den Friedrich Wilhelm III. für den 7. August plante. Mittels einer Vorrichtung wurde die Quadriga solange verhüllt, bis der König ein Zeichen

Abb. 8: Der Sieg der Quadriga über die Fesseln Napoleons. Karikatur auf die Rückführung der Göttin, um 1814.

gab, um sie sodann binnen weniger Augenblicke zu entschleiern.

Von diesem Tag an kann der Entstehungsprozeß der Quadriga als abgeschlossen bezeichnet werden: Die Victoria hält in der rechten Hand einen Stab, auf dessen oberstem Ende ein Eisernes Kreuz im Eichenlaub steht; darüber schwebt ein Preußischer Adler. Der König nahm solchermaßen die von Napoleon markierte Triumphstraße für den preußischen Nationalstolz in Besitz und wertete die schmachvolle Niederlage von 1806 zur Grundlage des heroisch erfochtenen preußischen Sieges über den ‚Usurpator' um. Das von dem jugendlichen Giacomo Meyerbeer eigens komponierte deutschsprachige Singspiel *Das Brandenburger Tor* nach einem Libretto von Johann Veith wurde allerdings nicht mehr rechtzeitig fertig, erschien jedoch noch im gleichen Jahr in Wien. Nunmehr endgültig zum preußischen Nationaldenkmal avanciert, wurde das Brandenburger Tor zum meistdargestellten Objekt Berlins. Sein Bild zierte fortan Werbegrafiken, Plakate, Annoncen, Postkarten – und nicht zuletzt Devotionalien aller Art: Teller, Tassen, Schüsseln, Vasen und aus ‚vaterländischem Eisen' gegossene Platten.

Das Tor als Kulisse

In der Folge der Rückkehr der Quadriga nach Berlin wurde das Tor in zunehmendem Maß Kulisse und Hintergrund staatlicher und gesellschaftlicher Repräsentation. Fast jede Staatsaktion, jeder militärische Umzug und Staatsbesuch passierte in den folgenden Jahrzehnten das Brandenburger Tor. In der Nachfolge des Hochzeitszuges der Königin Luise, die in der Staatsmythologie selbst zu einer Heldin des Widerstandes gegen Napoleon geworden war, wurde die Route vom Schloß Bellevue durch das Brandenburger Tor bis zum Stadtschloß zum zeremoniellen Weg junger Hohenzollernpaare. So zog der Kronprinz Friedrich Wilhelm (IV.) am 28. November 1823 mit seiner neuen Braut Elisabeth von Bayern durch das Tor, und sodann die Straße Unter den Linden hinunter zum Stadtschloß – der Tag ist von trauriger Berühmtheit, weil am anderen Ende der Linden die von Schinkel neu geschaffene Schloßbrücke die Massen nicht fassen konnte: 22 Menschen, durch das

Gedränge ins Wasser gepreßt, ertranken in den Fluten der Spree. Beim Einzug des am 25. Januar 1858 in London vermählten Kronprinzen Friedrich Wilhelm (dem späteren Kaiser Friedrich III.) mit der Prinzessin Victoria von England spielte das Tor ebenso seine Rolle wie auch 1913, als die Eheschließung der einzigen Tochter Kaiser Wilhelms II. mit Ernst August von Braunschweig-Lüneburg die welfische Niederlage von 1866 und die Annexion des Königreiches Hannover durch Preußen vergessen machen sollte.
Der Trauerzug für den Generalmajor von Lützow am 10. Dezember 1834 erinnerte wiederum an den Freiheitskrieg gegen Napoleon und die Reformallianz zwischen Militär, Monarchie und Volk. 1848 stand das Tor allerdings nur ,neben' den revolutionären Ereignissen, die sich mehr im belebten Stadtzentrum und um das königliche Schloß abspielten. Am 13. März kamen Tausende von Demonstranten von einer Versammlung ,In den Zelten' – den Vergnügungslokalen an der Spree – auf dem Wege zum Schloß durch das Tor. In entgegengesetzter Richtung hingegen wurden die Gefangenen durch das Tor geführt: „Nehmt die Canaillen nur ordentlich zusammen! Wenn Einer nicht fortwill, so gebraucht die Kolbe, und wenn sich Jemand widersetzt, so nehmt die Bayonette!", war der Befehl des Kommandeurs. Obwohl das Tor nicht unmittelbar von den revolutionären Auseinandersetzungen jener Tage betroffen war, mußte es ein Jahr später saniert werden. Viele der Reliefs waren beschädigt und wurden durch den Bildhauer Eduard Holbein restauriert; auch die Steinverkleidung war sanierungsbedürftig. Die Firma Thielemann, die schon 1814 das Eiserne Kreuz in den Siegesstab der Viktoria eingefügt hatte, wurde 1851 erneut mit der Reparatur der Quadriga beauftragt.

Wandel zum deutschen Nationaldenkmal

Seit dem Bau 1789-91 besaß das Tor zwei Torhäuser. Unmittelbar an diese Häuser reichte die Akzisemauer von 1735. Nach dem Sieg über Österreich im Jahr 1866 wurde eine Stadtmauer in zunehmendem Maße als überflüssig und ungroßstädtisch empfunden und ihr Abriß angeordnet. Mit dieser Maßnahme entstand jedoch ein Bruch in der Architektur des Tores, der aufgehoben werden mußte. Die Aufgabe wurde dem Architekten Johann Heinrich Strack übertragen, der wiederum Hermann Blankenstein mit der Ausführung beauftragte. Auf der Südseite ließen sie ein geschlossenes Flügelgebäude abreißen. In die Stirnseite des Tores wurde eine Nische eingelassen, vor der eine offene Halle mit 16 Säulen entstand. Ähnlich wurde auch die Nordseite symmetrisch angepaßt. Die Realisation von Plänen der Stadt Berlin, in der Südhalle ein Pissoir einzurichten, konnte der König gerade noch verhindern.
Deutlicher noch als die äußere Gestalt änderte sich in den folgenden Jahren die symbolische Bedeutung des Tores. War es bisher lediglich ein preußisches Nationaldenkmal gewesen, so wurde es mit den Triumphzügen von 1866, ganz besonders aber seit der Reichseinigung 1871 zum deutschen Nationaldenkmal par exellence. Am 16. Juni 1871 zogen der neue Kaiser Wilhelm I., Bismarck, Roon und Moltke mit 42.000 Soldaten im Gefolge durch das Tor. Der Zug führte vom Belle-Alliance-Platz über die Königgrätzer Straße durch das Brandenburger Tor, auf dem der Spruch prangte: „SEDAN – WELCH' EINE WENDUNG DURCH GOTTES FÜHRUNG" (Abb. 9). Vom Pariser Platz führte er weiter über die Straße Unter den Linden zum Stadtschloß, wo eine monumentale Statue der ‚Germania'

Abb. 9: Torschmuck zum 25. Jahrestag der Schlacht bei Sedan, 1. September 1895.

mit ihren heimgeholten Kindern ‚Elsaß' und ‚Lothringen' aufgestellt war. Tausende von Kanonen, Festgirlanden, drei Ehrenbögen und Dutzende von Ehrensäulen und -masten dekorierten die Stadt. Die Szene gehört zu den bedeutendsten der Berliner Stadtgeschichte und wurde durch Karl Keil in einem Relief auf dem Sockel der Siegessäule festgehalten.

Entsprechend der neuen Bedeutung als deutsches Nationaldenkmal diente das Tor auch als Trauermonument für Wilhelm I., als dieser 1888 hochbetagt starb. Schwarz war die Straße Unter den Linden eingehüllt, selbst an den

Laternen war Trauerflor angebracht worden. Das Brandenburger Tor selbst war aber mit dem Spruch geziert: „VALE – SENEX IMPERATOR" (Auf Wiedersehen, Alter Kaiser).
Dieser Trauerzug erzeugte nebenbei einen kleinen Skandal: Der 3. Fürst von Blücher, der am Pariser Platz wohnte, beschwerte sich darüber, daß die Zuschauertribünen nicht nur ihm, sondern auch seinen zahlenden Mietern die Sicht auf den Zug versperrten. Da seine Beschwerden nicht fruchteten, verklagte er den Magistrat auf 1.800 Mark; er verlor, und war darüber so verärgert, daß er – so erzählt die Legende – sich von Berlin zurückzog, um auf dem Gut seines Großvaters auf der Insel Guernsey seinen Lebensabend zu verbringen.
Über die Zahl der Militär-, Hochzeits- und Einzugsparaden, die durch das Brandenburger Tor führten, ist niemals Buch geführt worden, aber es dürften mehr als 100 gewesen sein. Nur einige Höhepunkte seien hier kurz genannt: Am 21. Mai 1889 wurde König Umberto von Italien in Berlin empfangen. „Das Thor selbst hatte bei der Kürze der [Vorbereitungs-] Zeit ausser einem riesigen, gold schimmernden Banner mit dem Reichsadler keinen Schmuck erhalten können und vielleicht nicht zum Schaden der Sache, denn die Wirkung des ruhig wehenden Banners war eine überaus majestätische" (Centralblatt der Bauverwaltung, 1889, S. 191). Am 4. März 1900 empfing der Deutsche Kaiser den Österreichischen Kaiser Franz Joseph. Zu diesem Anlaß schuf Stadtbaurat Ludwig Hoffmann einen pompösen Torschmuck mit einer eigenen Triumphpforte gegenüber dem Brandenburger Tor. Wenig später, am 16. Dezember 1900 feierte das Deutsche Reich seine aus China heimgekehrten Soldaten, die dort mit außergewöhnlicher Brutalität den sogenannten ‚Boxeraufstand' niederzuschla-

Abb. 10: Das Brandenburger Tor von Westen mit Blick auf die Sommerschen Häuser. Gemälde von Theodor Rabe (1822-1890) um 1850.

gen geholfen hatten. Am 18. Januar 1901 feierte man den 200. Jahrestag der Königskrönung der Hohenzollern, 1902 König Vittorio Emmanuele III. von Italien, 1905 König Alfonso XIII. von Spanien, 1908 das schwedische Königspaar, 1909 König Eduard VII. von England. Den Höhepunkt festlicher Ereignisse bildete das Jahr 1913: Neben der schon erwähnten Hochzeit seiner Tochter Victoria Luise, der neben den Spitzen des europäischen Adels der russische Zar Nikolai II. und der englische König George V. beiwohnten, feierte man auch das 25. Regierungsjubiläum des Kaisers. Ein Jahr später standen die Festgäste mit- und gegeneinander im Krieg.

Parallel zu dieser zunehmenden Inanspruchnahme des Brandenburger Tors für die zeremoniellen Veranstaltungen Wilhelms II. begann man sich Gedanken darüber zu machen, wie man das Tor dem ebenfalls gestiegenen Verkehr auf der Hauptachse zwischen den beiden Städten

Charlottenburg und Berlin anpassen könne. Wilhelm II. erschien eine Veränderung der Bauten links und rechts des Tores als die einfachste Lösung. Es sollte ein Platz gleich dem Pariser Étoile mit dem freistehenden Arc de Triomphe entstehen. Betroffen von diesen Plänen war auch das Haus des Malers Max Liebermann (Pariser Platz 7, nördlich des Tores). 1905 schickte Seine Majestät einen Emissär zu Liebermann, um ihn zu fragen, ob er geneigt sei, sein Haus zu verkaufen, damit es abgerissen werden könne. Doch Liebermann antwortete in bestem Berlinerisch: „Nu will ick Ihnen mal wat sagen, Exzellenz: Jehn Se zum Kaiser und sagen Se, der Liebermann hätt gesagt: Der Kaiser wohne uff det Ende von de Linden un der Liebermann wohne uff dies Ende der Linden, un ebenso wie der Kaiser nicht uff det Ende von der Linden rausjeht, jeht der Liebermann nicht uff dies Ende von de Linden raus." Auf diese Weise waren die Pläne einer Freistellung des Tores vorerst gescheitert.

Auch für den Platz vor dem Brandenburger Tor hatte es immer wieder Neugestaltungspläne gegeben. Das einfache Halbrund aus Bäumen, das seit den Zeiten Schinkels bestand, sollte mit Denkmälern und Festanlagen ausgestattet werden und solchermaßen das Nationaldenkmal mit den Denkmälern auf der Siegesallee und auf dem Königsplatz vor dem Reichstag verbinden. Doch auch diese Pläne kamen nicht zur Ausführung.

„Der höchste Pferdestall Berlins"

Der Pariser Platz war mittlerweile zum wichtigsten Platz Berlins, zum „Empfangssalon von Berlin" (Max Osborn)

Abb. 11: Die Regierungstruppen beziehen Stellung auf dem Brandenburger Tor. Januar 1919.

avanciert. Doch gerade die prominente Lage und strategische Bedeutung des Tors führten während der Revolution 1918 und in den folgenden, unruhigen Jahren immer wieder zur Gefährdung des Denkmals. Am 10. November 1918 wurde das Tor von regierungstreuen, republikanischen Truppen besetzt. Zehn Tage später passierte ein Trauerzug für durch eine Schießerei getötete Arbeiter das Tor. Am 10. Dezember 1918 marschierten die aus dem Feld zurückkehrenden Truppen durch das Tor und wurden vom künftigen Reichspräsidenten Friedrich Ebert mit den moralisch zwar

aufbauenden, doch für die Zukunft der Republik fatalen Worten begrüßt: „Kein Feind hat euch überwunden! Nun liegt Deutschlands Einheit in eurer Hand!"
Es folgten Wochen voller Unruhen – am 5. Januar 1919 sprachen vor dem Tor die kommunistischen Führer Karl Liebknecht, Wilhelm Pieck und Georg Ledebour; am 7. Januar kam es vor dem Tor zu einer Schießerei (Abb. 11). 1927 fand man bei der Reparatur der Quadriga in ihrer kupfernen Haut Einschußlöcher. Am 25. Januar 1919 schließlich führte der Trauerzug für den am 15. Januar ermordeten Karl Liebknecht durch das Brandenburger Tor, denn auch die Kommunisten wollten von der nationalen Aura dieses Denkmals profitieren.
Nicht nur historisch bedeutsame Ereignisse, auch ein Brand und der Einfluß des Wetters hatten dem Tor und der Quadriga zugesetzt. Bis zur Mitte des zweiten Jahrzehnts war dies sogar für das bloße Auge sichtbar geworden. Die Metopen und viele Steine mußten vollständig ersetzt werden; man bangte auch um die Standsicherheit der Quadriga, um die Verankerung, und um die von Kupferfraß beschädigte Haut. Doch erst 1926, nach dem Ende der großen Inflation, wurde für eine Restaurierung Geld bewilligt; unter der Leitung von Kurt Kluge (1886-1940) wurde das Tor für ca. zwölf Monate eingerüstet und restauriert. Zehn Metopen mußten ausgetauscht, die Lötstellen an der Quadriga erneuert und vom Rost und anderer Korrosion befreit werden. Zur Durchführung dieser Arbeiten wurde die Quadriga in ein Bretterhäuschen eingebaut, so daß eine Berliner Zeitung spotten konnte: „Der höchste Pferdestall Berlins". Die Metopen gelangten ins ‚Deutsche Museum', das 1930 im Nordflügel des Pergamonmuseums eröffnet wurde.

Abb. 12: Der erste April. Karikatur von Th. Th. Heine aus dem „Simplicissimus" vom 1. April 1924.

Eine der wesentlichen Änderungen nach der Revolution – auch jetzt wurde immer wieder über eine völlige Freilegung des mittleren Torteiles als Denkmal für die Kriegsgefallenen diskutiert – betraf die Verkehrsführung: Nun wurde auch die mittlere Durchfahrt für Automobile geöffnet; eines der ersten Opfer war der Gründer des Hotels Adlon, Louis Adlon, der von einem durch die ungewohnt offene ‚Kaiserpassage' fahrenden Auto getötet wurde.

Das Tor im Dritten Reich

In der Nacht zum 31. Januar 1933 wurden Tor und Quadriga Zeuge und Mittelpunkt einer neuen Zeit. Nach der Berufung Adolf Hitlers zum Reichskanzler durch den greisen Reichspräsidenten Hindenburg marschierten SA und SS mit Fackeln bewehrt durch das Brandenburger Tor (Abb. 12). Max Liebermann, der neben dem Tor wohnte, soll auf die Frage, was er davon hielte, geantwortet haben: „Ick kann gar nich so viel fressen, wie ich kotzen möchte". Auch weiterhin war der Pariser Platz Ort festlicher Staatsempfänge, und nicht nur zu den Olympischen Spielen 1936 hingen Hakenkreuzfahnen in den Toröffnungen. Der mit den Aufmärschen einhergehende Lärm störte so sehr, daß der französische Botschafter, André François-Ponçet, seinem US-Kollegen William Dodd davon abriet, das Haus am Pariser Platz 2 zur US-Botschaft zu machen, da sich hier seit der Machtübernahme Hitlers nicht mehr so ruhig arbeiten ließe (Abb. 13). Obwohl Dodd dem Rat des Franzosen folgen wollte, bestand das Weiße Haus darauf, das Gebäude auch zukünftig zu behalten und es von 1938 an

Abb. 13: Deutsche Soldaten ziehen unter dem Jubel der Bevölkerung nach dem Frankreich-Feldzug 1940 durch das Brandenburger Tor.

zur Botschaft auszubauen. Der repräsentative Ort überwog pragmatische Probleme.

Im Jahr 1941, nach dem Sieg über Frankreich, ließen die Nazis den Eisenbahnwaggon von Compiègne, in dem 1918 der Waffenstillstand und nun die französische Kapitulation unterzeichnet worden waren, nach Berlin bringen und demonstrativ als Trophäe des Sieges durch das Tor ziehen; er wurde am 16. März 1941 im Lustgarten aufgestellt (Abb. 14).

Abb. 14: Der „Wagen von Compiègne" auf dem Weg zur Aufstellung im Lustgarten am Tag der Wehrmacht.

Der ‚Generalinspekteur für die Reichshauptstadt' und Hofarchitekt Hitlers, Albert Speer, hatte auch für das Tor und seine Umgebung große Pläne, die uns in Zeichnungen und als Fotos einiger Modelle überliefert sind. Speer plante im Rahmen der Umgestaltung von Berlin zu ‚Germania' wiederum die Freistellung des Tores. Die nördlich und südlich angrenzenden Häuser sollten abgerissen werden, ebenso Teile der Bebauung des Pariser Platzes. Mächtige Türme sollten sodann die Überleitung zu der gigantomanischen Bebauung an der monumentalen Nord-Südachse und zu

dem großen Platz vor der riesigen Kuppelhalle bilden, neben der selbst der kraftvolle Reichstag Paul Wallots und erst recht das zierliche Brandenburger Tor geradezu verschwunden wären.
Im Jahre 1942 geschah etwas, was ein grelles Licht auf die Einstellung der Nazis zur Zukunft Berlins wirft: Während die Partei-Reichsleitung den Museumsleitern auf der Museumsinsel verbot, wegen „Defätismus" die Auslagerung wertvoller Kunstgegenstände auch nur zu planen, befahl man, die Quadriga in Gips abzuformen und so einer eventuellen Zerstörung vorzubeugen. Allerdings fand diese Aktion unter strenger Geheimhaltung statt.

Das Tor als Symbol der deutschen Teilung

Im April 1945 hatte das nationalsozialistische Regime schließlich erreicht, was lange geplant, aber letztlich keine Realisation fand: Die Häuser links und rechts des Tors waren zerstört und das Tor weitgehend freigestellt (Abb. 15). Auch von den Seitenhallen und den Torhäusern standen fast nur noch die Umfassungsmauern, die Dächer des Tores selbst waren aufgerissen, in den Wänden, den Säulen und dem plastischen Schmuck hatten Granatsplitter und Einschüsse tiefe Wunden geschlagen. Die Quadriga war durch eine Granate schwer getroffen: Eines der Pferde war völlig zerstört, ein weiteres schwer beschädigt, nur zwei hatten das Inferno vergleichsweise leicht – d.h. mit abgerissenen Beinen und von vielen Einschüssen perforiert – überstanden. Der Wagen war weitgehend verschwunden, ebenso die Göttin darauf (Abb. 16). In den folgenden Jahren wurde das Tor und sein Schmuck durch Verwahrlosung

Abb. 15: 1945...

und Buntmetalldiebe weiter beschädigt. Es lag nun bis 1990 auf der Demarkationslinie zwischen den von der UdSSR und den USA geführten großen Machtblöcken (Abb. 17). Erst 1949 beschloß der von der SED beherrschte Ost-Berliner Magistrat, das Tor zu restaurieren. Es wurde in die Verantwortung der Museumsverwaltung übergeben, die sich auch um die in West-Berlin befindlichen Abgußformen der Quadriga von 1942 bemühen sollte. Bis dahin war immer wieder vorgeschlagen worden, das Tor ebenso wie andere vermeintliche Symbole des Nationalsozialismus zu zerstören. Mindestens solle doch die ruinierte Quadriga durch eine Gruppe von ‚Werktätigen' ersetzt und das Tor verein-

Abb. 16: Nicht jedes Ende ist auch ein Neubeginn … Sowjetische Soldaten hissen die Rote Fahne…

facht werden. Doch war das Bewußtsein für die gemeinsame Verantwortung gegenüber dem Denkmal groß genug, daß sich 1950 im Frühjahr der streng antikommunistische West-Berliner Regierende Bürgermeister Ernst Reuter und der kommunistische Ost-Berliner Bürgermeister Friedrich Ebert (Sohn des ehemaligen Reichspräsidenten) zu einer gemeinsamen Besichtigung trafen, die bereits die später tatsächlich eingehaltene Arbeitsteilung skizzierte: Die östliche Seite sollte das Tor restaurieren, während sich West-Berlin um die Kopie der Quadriga kümmern wollte. Doch daraus wurde vorerst nichts.
Immerhin war es zwischenzeitlich möglich, das Tor zu Fuß

zu passieren oder es mit dem Auto zu durchfahren. 1950, anläßlich einer Tagung der ‚Freien Deutschen Jugend' der jungen Deutschen Demokratischen Republik, wurden die Reste der Quadriga vom Tor entfernt. Nur ein Pferdekopf überstand auch noch die rabiate Reinigungsaktion – er wurde ins Märkische Museum geschafft. Anstelle der Quadriga wurde ein Fahnenmast aufgestellt, von dem die rote Flagge weit nach West-Berlin hinein sichtbar wehte. Das Tor selbst wurde 1951 provisorisch gesichert und teilweise dilettantisch restauriert.

Doch noch weitere historisch-dramatische Momente hatte das Tor zu erleben. Als am 17. Juni 1953 die Bauarbeiter der Stalinallee in Streik traten und damit den Volksaufstand gegen das Regime der SED auslösten, bewegten sich auch Demonstrationszüge auf das alte Nationaldenkmal zu. Einige Jugendliche schwangen sich wagemutig – schließlich standen unten noch bewaffnete Wachen, die für die Kontrolle des Verkehrs zwischen den Westsektoren und dem Ostsektor zuständig waren – auf das Dach des Brandenburger Tors und holten unter dem Beifall der Demonstranten die rote Flagge ein, die schließlich vor den Säulen des Tors verbrannt wurde. Gleichzeitig wurde die schwarz-rot-goldene deutsche Nationalflagge aufgezogen.

Der Volksaufstand mit seiner Forderung nach freien, gleichen und geheimen Wahlen in ganz Deutschland wurde am 17. Juni und in den folgenden Tagen durch den Einsatz sowjetischer Panzer zerschlagen – die Legitimität der solcherart geretteten SED-Herrschaft war nachhaltig beschädigt. Auch deswegen suchte das DDR-Regime in den folgenden Jahren immer wieder national positiv besetzte Symbole für die eigene Propaganda zu vereinnahmen. Der Wiederaufbau des Brandenburger Tores kann als Teil einer

Abb. 17: ...Überwachung als das Gebot der Stunde. Der Kalte Krieg und seine Begleiterscheinungen.

Art ,Waffenstillstandsangebot' der Partei- und Staatsführung an das Volk gelesen werden: 1956 hatte man in der SED nach lange anhaltenden Debatten beschlossen, das Tor von Grund auf zu sanieren und ihm seine historische Form zurückzugeben. Neben den Kriegsschäden waren jetzt auch die der erst wenige Jahre zuvor begonnenen ersten Wiederaufbaukampagne zu beseitigen. Gleichzeitig wurde auch die Wiederherstellung der Quadriga – nun allerdings ohne weitere formelle Absprachen mit dem Ost-Berliner Magistrat – bei der West-Berliner Bronzegießerei Noack in

Angriff genommen. Allerdings wurde die Quadriga auch diesmal nicht gegossen, sondern wie das Schadowsche Original in Kupfer getrieben.
Im Sommer 1958 waren die Arbeiten weitgehend abgeschlossen. Am 19. Juli wurde das nördliche Torhaus wiedereröffnet, am 3. August das südliche. Allerdings mit einer Änderung, die nach 1990 Probleme bereiten sollte: Als Strack und Blankenstein im Jahre 1868 ihre Säulenhallen entwarfen, standen seitlich noch die Häuser Pariser Platz 1 und 7; jetzt standen sie nicht mehr. Die Restaurierungsbaumeister fügten daher folgerichtig den Torhäusern an ihren Anschlußseiten Säulen hinzu, die das Tor endgültig zu einer freistehenden Anlage umgestalteten.
Während diese Arbeiten ihrem Ende zugingen, verließ die Quadriga am 1. August auf Tiefladern den Noackschen Betrieb in Friedenau (Abb. 18). Ohne jegliche Zeremonie wurden die Pferde, der Wagen und die Göttin auf dem Gebiet der ‚Hauptstadt der DDR' abgestellt und dort wenig später von den Ost-Berliner Restaurierungsbetrieben übernommen. Am 27. September stand die Quadriga wieder an ihrem angestammten Platz; das Eiserne Kreuz im Stab der Siegesgöttin und der Preußenadler hatten in den Augen der DDR-Oberen allerdings ausgedient. Sie wurden in die Depots des Märkischen Museums verbannt.
Fast drei Jahre lang bestanden Tor und Quadriga alle Tests der Politik und des Verkehrs; wer vom Westen in den Osten fuhr oder umgekehrt, nahm mit kurzen Kontrollen wie selbstverständlich den Weg durchs Tor. Wie leicht der Wechsel von West nach Ost und zurück zu dieser Zeit noch

Abb. 18: Die Siegesgöttin auf dem Weg nach Hause, 1958.

möglich war, zeigen (allerdings teils an anderem Ort nachgestellte) Szenen des Billy-Wilder-Films *Eins, zwei, drei* von 1961.

Noch während der Dreharbeiten zu diesem Film errichtete die DDR am 13. August 1961 die Mauer, um den ständigen Flüchtlingsstrom von Ost nach West zu unterbrechen. Zunächst nur eine provisorische Barrikade aus Stacheldraht, entstand schnell eine tatsächliche Mauer, die im Laufe der Jahre zu einem perfekten, nach innen gerichteten Bollwerk ausgebaut wurde (Abb. 19/20). Vor dem Brandenburger Tor entstand sogar eine regelrechte Panzersperre mit vier Metern Breite, die jeglichen Durchbruch verhindern sollte. Auch wenn ein solcher Versuch sehr unwahrscheinlich schien: Das Symbol Brandenburger Tor sollte speziell abgeschirmt werden.

Für beide Seiten wurde das Tor so zum Symbol der deutschen Teilung. Auch die DDR war sich der Symbolik des versperrten Tores durchaus bewußt: Die – seinerzeit nur Staatsgästen zugänglichen – Besucherbücher des Tores erzählen die sozialistische Sicht der Dinge, so wie der Spruch „Macht das Tor auf" keineswegs nur Parole der konservativen Kreise in der Bundesrepublik war. Und noch in den achtziger Jahren brachte der damalige West-Berliner Regierende Bürgermeister, Richard von Weizsäcker, die Symbolik des Tores mit den Worten zum Ausdruck: „Die deutsche Frage bleibt so lange offen, wie das Brandenburger Tor zu ist."

Abb. 19: Der „Antifaschistische Schutzwall" versperrt den Blick aufs Tor.

Das Tor als Symbol der Vereinigung

28 Jahre lang blieb das Tor geschlossen. Betrachter fand es dennoch viele und bei jedem Wetter – von den vor der Mauer aufgestellten Tribünen, aber auch von einem Altan am Reichstag aus. Als der amerikanische Präsident John F. Kennedy am 26. Juni 1963 Berlin besuchte, reagierte die DDR-Regierung infantil und provozierend zugleich: Mit riesigen roten Stoffbahnen hängte sie das Tor zu und versperrte Kennedy so die Sicht in den Ostteil der Stadt. Der Besuch vor dem Brandenburger Tor wurde zum Teil des West-Berliner Staatszeremoniells, vieler Familienfeiern und Besucherführungen. Bei seinem Berlin-Besuch am 12. Juni 1987 forderte Ronald Reagan, die für die Zukunft weitreichenden Entwicklungen vielleicht erahnend, den sowjetischen Generalsekretär auf: „Mr. Gorbatschow, reißen sie diese Mauer nieder! Mr. Gorbatschow, öffnen Sie dieses Tor".

Geschlossen blieb es noch bis zum 22. Dezember 1989. Auch im Anschluß an die turbulenten Tage nach dem 9. November 1989, während derer Bilder mit auf der Mauer vor dem Tor tanzenden Menschen um die Welt gingen, war es noch mehr als einen Monat gesperrt: So schnell konnten die gewaltigen Betonmassen nicht abgetragen werden. Eröffnet wurde es schließlich symbolträchtig kurz vor Weihnachten durch den Bundeskanzler Helmut Kohl und den Ministerpräsidenten der DDR, Hans Modrow.

Bereits zu diesem Zeitpunkt bestand die Absicht, die Quadriga einer dringend notwendigen Reparatur zu unterziehen. Wer das Gutachten der Bauakademie der DDR vom 16. Oktober 1989 liest, kann nur staunen, daß sie überhaupt noch stand, so brüchig, durchgerostet und fehlerhaft waren

Abb. 20: Interimistische Freistellung des Brandenburger Tores, 1964.

die Nieten und Lötstellen, die sie zusammenhielten. Den letzten Anstoß zur Reparatur gaben schließlich die schweren Schäden, die der Quadriga in der turbulenten Silvesternacht 1989/90 durch randalierende oder schlicht vereinigungstrunkene Bürger zugefügt worden waren. So war etwa von den Blättern des Lorbeerkranzes der Victoria keines mehr vorhanden.
Im Januar 1990 wurde aus verschiedenen Ost-Berliner Betrieben eine Arbeitsgruppe gebildet, um das Tor und die Quadriga wiederherzustellen. Diesmal hatte der Magistrat ein leichtes Spiel. Angebote kamen für alles: das Kupfer der

Torhausdächer von der Firma Kabelmetall Osnabrück; die Reparatur der Quadriga wollten sowohl Noack als auch das Museum für Verkehr und Technik (MVT, heute Deutsches Technikmuseum) übernehmen. Schließlich bekam das MVT den Auftrag, und die Firma Mannesmann, die vor dem letzten Weltkrieg am Pariser Platz Büros hatte, sponserte die umfangreichen Arbeiten. Selbst die komplette Anstrahlung wurde privat konzipiert und bezahlt. Gleich mehrere Firmen boten ihre Kräne kostenlos, wenn auch nicht ganz uneigennützig an: Sie waren sich der bei solch einem Projekt zu erzielenden Werbewirkung durch ihre Mitarbeit sicher.

Am 26. August beschloß die Volkskammer, daß die DDR der Bundesrepublik am 3. Oktober beitreten solle. Es war absehbar, daß die zentrale Feier dieses Ereignisses am Reichstag und am Brandenburger Tor stattfinden würde. Inzwischen war man hier bereits so weit mit den Arbeiten, daß die Gerüste rechtzeitig abgebaut werden konnten.

Nach der Feier zur Wiedervereinigung gingen die Arbeiten am Tor und in den Werkstätten des MVT weiter: Am 15. Juli 1991 kehrte die vollendet restaurierte Quadriga zurück zum Brandenburger Tor und die ‚Berliner Zeitung' titelte: „Madame Nike fährt heute der Tieflader nach Hause". Am 6. August feierte Berlin schließlich den 200. Jahrestag der Eröffnung des Tors, und vier Wochen später, zum 200. Geburtstag von Meyerbeer, kam es zur Uraufführung seiner Oper *Das Brandenburger Tor*.

Gleichzeitig mit der Restaurierung des Tores begann die Diskussion um die angemessene Wiederherstellung des Pariser Platzes. Von der ursprünglichen Bebauung hatten nur die Ausstellungssäle der einstigen Preußischen Akademie der Künste überlebt. Nach heftigen Diskussionen

einigte sich der Senat auf eine strenge Gestaltungssatzung, die bis hin zur Größe der Fenster die Architektur der Neubauten am Platz bestimmen sollte. Es entsteht seitdem ein Panorama der unterschiedlichen Möglichkeiten, mit der großen Geschichte des Ortes in neuen Formen umzugehen. Allerdings wird der Platz in jedem Fall künftig nicht mehr das bürgerliche Image der Vorkriegszeit erhalten: Neben den vielen Büros, Botschaften und Hotels werden hier nur wenige Menschen auch tatsächlich wohnen.
Schnell begonnen und fertiggestellt wurde das Hotel Adlon; nach Plänen des Büros Patschke und Klotz entstand ein Gebäude, dessen Fassade und innerer Prunk trotz großer Abweichungen um eine historistische Wiederaufnahme des legendären ‚Adlon' bemüht ist. Direkt neben dem Brandenburger Tor wurden in Analogie zu den in den 1840er Jahren von Friedrich August Stüler errichteten Gebäuden das ‚Haus Sommer' und das ‚Haus Liebermann' nach Plänen des Architekten Josef Paul Kleihues gebaut. Er versuchte hier, ein Musterbeispiel für seine Theorie der ‚Kritischen Rekonstruktion' zu entwickeln, derzufolge historische Bauten nur in ihren Materialien, Proportionen und in ihrer Binnengliederung wiederaufgenommen, keinesfalls aber kopiert werden sollten. So billigte er seinen Bauherren ein zusätzliches Geschoß zu, die Fenster sollten keine Rahmen erhalten und die einstige Rundbogenloggia in den Ecken wurde kantig geschlossen. Auch sollte durch den geringen Abstand zwischen den Neubauten und dem Tor dessen seit dem Nachkriegswiederaufbau autonomere Stellung respektiert werden. Trotzdem gab es heftige Proteste gegen seine Entwürfe, zu kalt und rational erschienen sie vielen. Kleihues mußte die Fassaden ‚historischer' gestalten.

Am Pariser Platz 3 entsteht nach Plänen des Amerikaners Frank Gehry die innen dynamisch bewegte Berliner Repräsentanz der Deutschen Genossenschafts-Bank, gegenüber dem Adlon zwei streng gerasterte Bürobauten nach Plänen von Ortner und Ortner und Hans Kollhoff. Die Französische Botschaft, Pariser Platz 5, wurde im Juli 1998 nach Plänen von Christian de Portzamparc in Angriff genommen; große Fenster in der Belle Etage sollen hier an die einstige Palaisstruktur erinnern. Die Nordwestecke ist bereits vollständig: Dort stehen mit leichtem Art-Deco-Anklang und grandiosem Innenhof die Dresdner Bank von Gerkan, von Marg & Partner und das turmbewehrte ‚Palais am Pariser Platz' des ebenfalls Hamburger Architekten Bernhard Winking. Noch nicht begonnen sind die US-Botschaft, Pariser Platz 2, von den Architekten Charles Moore, John Ruble & Buzz Yudell (Santa Monica, California), und die Akademie der Künste, Pariser Platz 4, des Stuttgarter Architekten Günter Behnisch. Sie dürfte als künftig einzige aus dem vom Senat vorgeschriebenen Raster der Steinfassaden herausfallen, denn Behnisch plant eine Interpretation der klassischen Palaisstrukturen mittels vielfach hintereinander geschichteter Glaswände.
Nach endlosen Debatten, ob auch der private Verkehr durch das Tor geleitet werden darf, ist man inzwischen zu der Einsicht gelangt, daß sich der Pariser Platz als Autobahn nur schlecht eignet. Aus dem gleichen Grund hat sich der Senat auch entschlossen, der zeitweise überbordenden privatwirtschaftlich-kommerziellen Nutzung des Platzes einen Riegel vorzuschieben und ihn nur noch öffentlich zu verwenden. Die derzeitige Öffnung des Tores für Privatautos ist auf die Bauarbeiten am Reichstag zurückzuführen. Wenn diese beendet sind, und damit das deutsche Parla-

ment seinen angestammten Sitz wieder voll nutzt, wird auch das deutsche Nationaldenkmal Nr. 1, das Brandenburger Tor, wieder ohne Lebensgefahr für die Besucher zugänglich sein.

Literatur

Arenhövel, Willmuth und Rolf Bothe (Hrsg.): Das Brandenburger Tor 1791-1991. Eine Monographie. Berlin 1991.

Bauch, Kurt: Das Brandenburger Tor. Köln 1966.

Cullen, Michael S./Kieling, Uwe: Das Brandenburger Tor, Geschichte eines deutschen Symbols. Berlin 1990.

Laabs, Rainer: Das Brandenburger Tor – Brennpunkt deutscher Geschichte – Focus of German History. Berlin 1990.

von Olfers, Hedwig: Ein Lebenslauf. Bd. 1, Berlin 1908.

von Siefart, Emil: Aus der Geschichte des Brandenburger Tores und der Quadriga, in: Schriften des Vereins für die Geschichte Berlins, Heft XVL. Berlin 1912.

Volk, Waltraud: Die Restaurierungsmaßnahmen von 1957/58, in: Der Bär von Berlin, Jahrbuch des Vereins für die Geschichte Berlins. Berlin 1993.

Zimmer, Dieter, Carl-Ludwig Paeschke: Das Tor – Deutschlands berühmteste Bauwerke in zwei Jahrhunderten. Stuttgart 1991.

Abbildungsnachweise

Archiv für Kunst und Geschichte: 1, 2, 4, 6, 10, 13, 17/Arenhövel, Willmuth und Rolf Bothe (Hrsg.): Das Brandenburger Tor 1791-1991. Berlin 1991: 3/Bildarchiv Preußischer Kulturbesitz: 5, 7, 8, 9, 11, 12, 16, 20/Landesbildstelle Berlin: 14, 15, 18/Michael S. Cullen Privatbesitz: 19.

Die Deutsche Bibliothek - CIP-Einheitsaufnahme

Cullen, Michael S.:
Das Brandenburger Tor / Michael S. Cullen. - 1. Aufl. -
Berlin: Berlin-Ed., 1998
Engl. Ausg. u.d.T.: Cullen, Michael S.: The Brandenburger Tor
ISBN 3-8148-0006-0

1. Auflage/Dezember 1998
Herausgeber: Markus Sebastian Braun
Redaktion: Nikolaus Bernau
Umschlagkonzeption: Martin A. Hospach
Titelfoto: Ausschnitt aus „Einzug Napoleons durch das Brandenburger Tor", Gemälde von Charles Meynier (1768-1832), Schloß Versailles, Musée Historique.

ISBN 3-8148-0006-0